PORTMEIRION

Robin Llywelyn

Gomer

PORTMEIRION

Adeiladwyd Portmeirion gan Clough Williams-Ellis rhwng 1925 a 1973. Rhan o'i fwriad oedd dangos bod modd datblygu safle hardd heb ei ddifetha a'i bod hyd yn oed yn bosibl i ychwanegu at yr harddwch naturiol gydag adeiladau oedd mewn cytgord â'r tirlun. Roedd wedi bod yn chwilio am safle i godi pentref delfrydol felly ers rhai blynyddoedd a phan glywodd fod stad Aber Iâ ar werth ni phetrusodd i gynnig swm o £5,000 am y lle. Roedd pob dim yno yr oedd wedi gobeithio'i gael fel safle i'w arbrawf pensaernïol: clogwyni serth uwchben traeth eang, coedwigoedd, nentydd a chnewyllyn o hen adeiladau.

PORTMEIRION

Portmeirion was built by Clough Williams-Ellis between 1925 and 1973. He wanted to show how a naturally beautiful location could be developed without defiling it and that it could actually be enhanced through sympathetic developement. He had been searching for a suitable site for his proposed ideal village for several years and when he heard that the Aber Iâ estate was for sale he managed to raise the substantial sum of £5,000 for the place. It had everything he had hoped for as a site for his architectural experiment: steep cliffs overlooking a wide sandy estuary, woods, streams and a nucleus of old buildings.

Nid oedd ganddo fodd i dalu am y gwaith o godi'r pentref o'i boced ei hun a chafodd gefnogaeth gan Fanc y Midland i'w alluogi i gychwyn ar y fenter. Y gwaith cyntaf a wnaeth oedd addasu'r hen blasty ar lan y môr a'i droi'n westy. Bathodd yr enw Portmeirion ar gyfer y lle, Port am

He did not have the resources to fund the building of his village but having secured a 20-year mortgage from the Midland Bank he set to work. His first job was to extend and convert the old house on the shore into an hotel. He renamed the place Portmeirion, Port

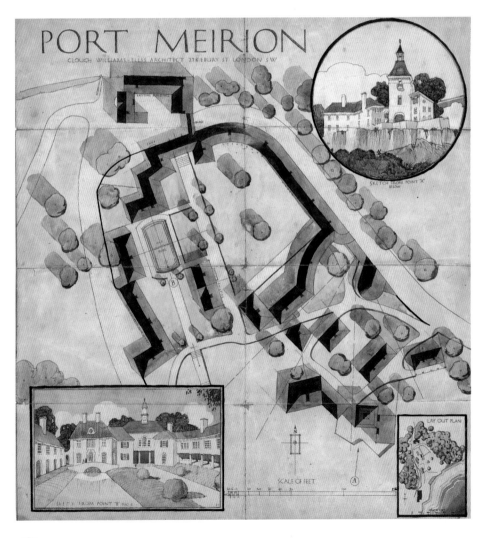

Hen lun o Aber lâ yn 1913.

An old photograph of Aber lâ in 1913.

ei fod ar lan y môr a Meirion am ei fod ym Meirionnydd. Roedd yn tybied y byddai'r hen enw, Aber lâ, yn enw rhy oeraidd ar gyfer pentref gwyliau.

Ychydig dros chwe mis a gymerodd iddo addasu'r hen blasty a'i agor yn swyddogol ar 2 Ebrill 1926 ar gyfer penwythnos y Pasg, pan wahoddwyd nifer o'i gydnabod i dreulio'r penwythnos yng Ngwesty Portmeirion. Roedd y lleoliad bendigedig yn atyniad poblogaidd because it was on the coast and Meirion from the Welsh name for Merionethshire. He felt Aber lâ, which translates as 'frozen river mouth' was not an auspicious name for a holiday resort.

After a few months work he officially opened the hotel for Easter on 2 April 1926. He had invited aquaintances to spend the weekend at Portmeirion and luckily the weather was very fine but

Gwesteion cyntaf Gwesty Portmeirion, Pasg 1926.

The first guests at Portmeirion Hotel, Easter 1926.

ac yn fuan iawn gwelodd Clough fod ei fenter yn llwyddo. Bob haf byddai'r gwesty'n llawn a phob gaeaf byddai Clough a'i ddynion yn gwario'r enillion ar godi ychwaneg o dai a bythynnod yn y pentref a'r rheini yn eu tro'n ychwanegu at nifer y llofftydd oedd ar gael i'w gosod i westeion. Roedd y llwyddiant hwn o gryn gysur i'w wraig Amabel gan fod Clough wedi rhoi popeth oedd ganddo i warantu'r forgais a gafodd gan y banc.

Byddai'r teulu'n aml yn cysgu ar long fechan o'r enw yr *Amis Reunis* a honno wedi ei hangori gerllaw'r gwesty. Ond fe'i drylliwyd hi mewn storm yn 1929; ceisiodd Clough arbed hynny a fedrai o'i chyfarpar gan gynnwys yr hwylbrenni a'r cabanau a chafodd replica ei hailgodi mewn cerrig wrth y cei lle y saif hyd heddiw. Defnyddiodd yr hwylbrenni fel colofnau i gynnal to'r bwyty newydd a ychwanegodd yn hanner cylch gosgeiddig at y gwesty ym 1930. Erbyn hynny roedd o wedi codi cryn dipyn o'r pentref gan gynnwys y Tŵr Clychau (1928), y Tŷ Gwylio (1926) a Thŷ'r Llywodraeth (1929). Roedd y rhain yn adeiladau Eidalaidd o ran arddull gyda thoeau o

many other things went wrong including the plumbing, heating, kitchens and organisation. In spite of the teething problems the ideal situation of the hotel won people's support and soon Clough found that his venture was becoming successful. This was of comfort to his wife Amabel who had expected the whole experiment to end up in bankruptcy. Each summer the hotel would be full and each winter Clough would spend the profits on more cottages and houses, which added to the available accommodation.

Clough and Amabel and their children would often stay on Clough's Breton ketch, the *Amis Reunis*, which was moored along the quayside by the hotel. Unfortunately this was wrecked by a combination of high tides and strong winds in 1929. Clough salvaged what he could of the cabins, masts and rigging and built a replica out of stone which is still moored on the quayside. He used the masts to support the roof of his new curvilinear dining room which he opened in 1930. By this time he had built some of the most prominent features in the

Y gwesty a llong yr *Amis Reunis*: uchod, yn 1926 ac isod, heddiw.

The hotel with *Amis Reunis*: top, in 1926 and bottom, today.

deils priddfaen coch a chaeadau gleision o boptu'r ffenestri.

Yn hyn o beth fe welwch arlliw o ddylanwad pentrefi glan môr yr Eidal megis Portofino ar waith Clough. Roedd wedi ei gyfareddu gan bensaernïaeth frodorol yr Eidal gan fod honno'n tueddu i fod mewn cytgord gyda'r tirlun. Hefyd gwelai Clough fod penrhyn Aber Iâ yn debyg iawn i ryw arfordir Eidalaidd, gyda'r coed pin mawr a'r traethau eang a thybiai y byddai'r arddull Eidalaidd yn addas ar gyfer ei bentref. Roedd eisoes wedi cynllunio gardd yn y dull Eidalaidd oddi amgylch ei gartref ym Mhlas Brondanw felly roedd yn hen gyfarwydd â'r arddull hon.

village such as the Bell Tower (1928), the Watch House (1926) and Government House (1929).

These buildings were designed in the Italianate style with pantiled roofs and turquoise shutters. Like the Campanile (1928) they reflect the influence on Clough of his travels around the coast of Italy, where he was much taken by villages such as Portofino. The vernacular architecure of the Italian coast seemed to Clough to be in harmony with the natural environment. He also felt that the topography of the Dwyryd estuary was quite Mediterranean in character and felt he should play up to this quirk of nature by giving his buildings a flavour of the

Serch hynny, yn y cyfnod cynnar hwn fe gododd adeiladau eraill mewn arddull wahanol iawn hefyd. Mae'r Angel (1926), Neifion (1926) a'r Tollty (1929) yn enghreifftiau o'i waith yn yr arddull 'celf a chrefft' a oedd yn ddylanwad pwysig ar ei waith. Mae'r Angel a Neifion yn debyg i hen fythynnod o dde-ddwyrain Lloegr a'r Tollty'n debyg i un o dai pren Norwy neu Sweden. Mewn gwirionedd nid oedd gan Clough un arddull neilltuol ar gyfer

south. He had already been engaged in creating a garden in the Italian style around his ancestral home at Plas Brondanw and was therefore quite at home with this style.

However he did construct other cottages in different styles such as the Angel (1926), Neptune (1926) and Toll House (1929) which are typical of the 'Arts and Crafts' style he used extensively at Portmeirion. In fact Clough

ei bentref ond cymysgedd o arddulliau – beth bynnag oedd i'w weld yn addas ganddo ar y pryd. 'Mwngrel pensaernïol' oedd y pentref yn ei eiriau'i hun – agwedd 'Opera Ysgafn' at bensaernïaeth.

Yn y cyfamser byddai Clough yn ymgymryd â gwaith pensaer i gleientau eraill ledled Cymru, Lloegr ac Iwerddon gan hel darnau diddorol o waith metel, cerfluniau ac arwyddion lle bynnag y câi gyfle. Byddai'n cadw'r darnau 'sgrap' hyn

did not adopt any single particular style for his village, which he called an 'Architectural mongrel' but a mixture of styles, whichever seemed to fit his mood at the time. He said it was his 'Light opera approach to architecure'.

At the same time Clough was running a flourishing practice engaged in work for clients throughout Wales, England and Ireland. He would never waste architectural salvage from these jobs but

Bwthyn yr Angel.

Angel Cottage.

mewn tomen yn y goedwig rhag ofn y byddent o ddefnydd iddo ryw ddydd. Un o'i ddarganfyddiadau oedd cerflun o angel a osododd ar un o'r adeiladau cyntaf i'w cwblhau; dyna pam y rhoddodd yr enw 'Angel' ar y bwthyn hwnnw.

Weithiau byddai'n cael cynnig adeiladau cyfan a cheisiai ganfod lle i'r rhain hefyd. Ynghanol y 1930au clywodd

would bring it back to Portmeirion where it would stay in a dump in the woods until such time as he might find a use for the various odds and ends he collected. The Angel was so named because he happened to have a carving of an angel he wanted to use. The crown on top of the Town Hall is a copper cauldron for boiling pig swill, turned upside down.

Cerflun yr Angel a achubwyd o'r domen.

The salvaged Angel statue.

fod Plas Emral yn Sir y Fflint ar werth a cheisiodd ennyn diddordeb yr awdurdodau i'w achub gan fod ynddo nenfwd Siacobeaidd unigryw. Nid oedd dim yn tycio gwaetha'r modd a phenderfynodd fynychu'r arwerthiant ei hun i weld beth y gallai ei wneud.

Sometimes he would buy or be offered entire structures which gave Portmeirion its nickname as 'a home for fallen buildings'. In the 1930s he heard that Emral Hall in Flintshire was to be sold. He had previously admired its unique Jaccobean plaster ceiling

Hen lun o Blas Emral, Sir y Fflint, cyn ei ddymchwel.

An old photograph of Emral Hall, Flintshire, before it was demolished.

Cyrhaeddodd ar y trên fel yr oedd yr arwerthiant ar gychwyn a'r eitem gyntaf i fynd dan y morthwyl oedd y nenfwd plaster. Mae'n debyg y byddai wedi cael ei chwalu i'w daenu yn lle calch ar hyd y caeau oni bai i Clough gynnig amdano a'i brynu am £13. Er bod hynny i'w weld yn bris isel am rywbeth mor gywrain bu'n rhaid iddo dalu cannoedd lawer o bunnau wedyn i brynu'r ffenestri tywodfaen, y chwareli ymylon plwm, y paneli derw, y lloriau a llawer mwy er mwyn cael adeilad addas i gynnwys y nenfwd ynddo. Nodwyd pob bricsen a

depicting the labours of Hercules, and Clough tried to encourage the authorities to take an interest in saving it. Nothing came of his efforts so Clough set off on the train and arrived at the auction as the first lot was coming up, which happened to be the plaster ceiling. Clough's bid of £13 was unopposed. However, this bargain price was soon dwarfed by the several hundred pounds he had to spend on securing the mullions and transoms and leaded lights of the windows, the oak panelling, floorboards, cornices and so forth. Each

Ailgodi Neuadd Ercwlff, 1937.　　　　　　　　Rebuilding Hercules Hall, 1937.

phob ystyllen â rhif cyn eu datgymalu a'u cludo ar gefnau fflyd o lorïau o Sir y Fflint i warws ar y cei ym Mhorthmadog lle cadwyd hwy nes i Clough benderfynu lle'n union i godi'r neuadd newydd, Neuadd Ercwlff. Saer o'r Rhyd o'r enw R.O. Williams gafodd y gwaith o roi'r adeilad yn ôl wrth ei gilydd gan gynnwys gosod dros gant o flociau plaster i ailffurfio'r nenfwd. Roedd un o'r paneli ar goll, gwaetha'r modd, a gwnaed un newydd yn yr un arddull, sef y panel o Ercwlff yn faban yn lladd y nadroedd yn ei grud.

brick and plank was numbered, the ceiling sawn into blocks and all transported on a fleet of lorries to a warehouse on Porthmadog quayside until he decided what to do with it all. His foreman joiner from Rhyd, R.O. Williams, was given the task of reassembling the pieces which he undertook over a period of several months. One of the panels was missing, so R.O. Williams made a new panel depicting the baby Hercules in his cot strangling two snakes.

Dau banel plastr o Neuadd Ercwlff, un yn wreiddiol (isod) ac un o wneuthuriad R. O. Williams (uchod), a'r neuadd fel y mae heddiw.

Two plaster panels from Hercules Hall, one original (bottom) and one recreated by R. O. Williams (top), and the hall as it is today.

Erbyn diwedd y 1930au roedd dros hanner y pentref wedi ei gwblhau a'r gwesty'n dal i fynd o nerth i nerth. Ond wrth gwrs daeth yr Ail Ryfel Byd ym 1939 a bu'n rhaid rhoi'r gorau i'r gwaith am gyfnod. Daeth y Rhyfel â gofid mawr i ran Clough ac Amabel pan gollwyd eu hunig fab Christopher yn y cyrch ar Monte Cassino yn yr Eidal ychydig fisoedd cyn i'r Rhyfel ddod i ben. Roedd Christopher yn Gapten yn y Gwarchodlu Cymreig, yr un gatrawd â'i dad a wasanaethodd fel swyddog rhagchwilio gydol y Rhyfel Byd

By the end of the 1930s more than half of the village was built and the hotel was still going strong. However, the outbreak of war in 1939 put a stop to all construction for over ten years. The war brought personal tragedy to Clough and Amabel with the loss of their only son Christopher in action at Monte Cassino in Italy a few months before the end of the war. Christopher was a captain in his father's old regiment, the Welsh Fusiliers, in which Clough had served throughout the First World War as a

Uchod: Amabel a'r plant – Susan, Charlotte a Christopher – yn mwynhau traeth Portmeirion.

Top: Amabel and the children – Susan, Charlotte and Christopher – enjoy the beach at Portmeirion.

Llun bach: Christopher Williams-Ellis yn 1945.

Inset: Christopher Williams-Ellis in 1945.

Chwith: Priodas Susan ag Euan Cooper-Willis, 1945.

Left: The marriage of Susan and Euan Cooper-Willis, 1945.

Cyntaf. Yr un flwyddyn ag y collwyd Christopher priododd dwy ferch Clough ac Amabel – Susan ag Euan Cooper-Willis a Charlotte â Lindsay Wallace. Daeth Susan ac Euan i fyw i bentref Llanfrothen lle trigai Clough ac Amabel ac aeth Charlotte gyda Lindsey yn ôl i'w famwlad yntau i Seland Newydd. O hynny ymlaen bu Susan ac Euan yn gweithio'n bur agos gyda Clough gan roi iddo'r gefnogaeth roedd ei angen arno i gwblhau'r pentref wedi i waharddiadau adeiladu gael eu codi ddechrau'r 1950au.

reconaissance officer. The same year that his son was killed Clough's two daughters married, Susan to Euan Cooper-Willis and Charlotte to Lindsay Wallace. Susan and Euan came to live in Llanfrothen near Clough's home at Plas Brondanw and Charlotte moved with Lindsay to his native New Zealand. Susan and Euan became closely involved in Portmeirion and enabled Clough to carry on with the second phase of building his village, once building restrictions were lifted in the early 1950s.

Susan ac Euan ar y lawnt ym Mhortmeirion.

Susan and Euan on the lawn at Portmeirion.

Gerddi Plas Brondanw.

Plas Brondanw gardens.

Drannoeth y tân, 1951.

The morning after the fire, 1951.

Ond cyn iddo ailafael yn ei waith ar y pentref bu'n rhaid i Clough ddygymod â thrychineb arall a ddaeth i ran y teulu pan losgwyd ei gartref, Plas Brondanw, yn ulw mewn tân anferth a gychwynnodd yn y simdde yn oriau mân y bore bythefnos cyn Nadolig 1951. Nid yn unig roedd ei gartref pum can mlynedd oed wedi ei ysu'n llwyr ond roedd Clough hefyd wedi colli ei holl archif bensaernïol – roedd wedi symud ei bapurau o'i swyddfeydd yn Llundain ar ddechrau'r Rhyfel rhag ofn y bomiau. Ar ben hynny collwyd hen archif y teulu gyda chofnodion, llythyrau a chyfrifon yn dyddïo'n ôl i'r ail ganrif ar bymtheg. Wrth lwc, roedd peth o'r hen gofnodion wedi eu copïo a'u cyhoeddi

Shortly after the war, on 10 December 1951 in the early hours of the morning, Clough and Amabel's home, Plas Brondanw, was gutted by fire which had started in a chimney. Clough lost his entire architectural archive as well as family documents, accounts and papers dating back to the seventeenth century. Fortunately the famous Welsh folk historian, Bob Owen of Croesor, had copied some of the family papers but even so more was lost than was saved. Ironically, Clough had moved his

gan Bob Owen Croesor ond collwyd mwy nag a oroesodd. Trwy lwc hefyd nid oedd Clough wedi symud ei ddyluniadau a'i gynlluniau pensaernïol i Blas Brondanw ac mae'r rhain wedi goroesi hyd heddiw.

Ailgodwyd y Plas o fewn dwy flynedd ac erbyn 1953 roedd Clough yn barod i fynd ati i orffen Portmeirion. Roedd yn 70 oed erbyn hyn a byddai'n sôn yn aml am y gwaith fel ras rhyngddo fo a'i bentref o ran pa un fyddai wedi ei orffen gyntaf.

office papers to Plas Brondanw for safekeeping during the war in case his London office was hit by a bomb. He had not manged to move his architectural drawings and sketches, however, and luckily these have survived to this day.

Plas Brondanw was rebuilt within two years and in 1953 Clough turned his attention once again to Portmeirion. He was by now 70 years of age and wondered which would be finished first,

Clough gyda'r pensaer byd-enwog, Frank Lloyd Wright, 1956.

Clough with the world-famous architect, Frank Lloyd Wright, 1956.

Y prif waith a wnaeth yn ystod y pumdegau a'r chwedegau oedd llenwi'r bylchau rhwng rhai o'r adeiladau hŷn. Dewisodd arddull syml, Sioraidd ar gyfer yr adeiladau hyn megis Tŷ Pont, Tŷ Clogwyn, yr Uncorn, Rhesdai'r Siantri, Fila Wins ac eraill. Roedd arno eisiau gwrthgyferbyniad i'r arddull addurniadol a ddefnyddiasai yn y dauddegau a'r tridegau. Yn y cyfnod hwn hefyd cafodd ganiatâd i symud Colofnres Bryste o Arnois Court a'i hailgodi yng nghanol y pentref.

his village or himself. During the second phase he was mainly concerned with filling in the gaps between his earlier buildings, and tended towards a simpler, classical Georgian style to contrast with the more ornate Italianate and Arts and Crafts styles of the first phase buildings. These later buildings include Gate House, Bridge House, Belvedere, Chantry Row, Unicorn, Telford's Tower and the Round House. In 1958 he acquired the Bristol Colonnade from Arnois Court, in some disrepair.

Y Sgwâr Ganolog a'r Orchestfa.

The Central Piazza and the Gloriette.

Colofnres Bryste.   The Bristol Colonnade.

Isod: Prif adeilad y gwesty.   Below: The main hotel building.

Wedyn penderfynodd droi'r hen gwrt tenis ynghanol y pentrf yn sgwâr canolog gyda Gorchestfa drawiadol ar un pen iddo. Cofiai fod ganddo hanner dwsin o golofnau Ïonig a fyddai'n addas iawn i'r perwyl hwn ond ni allai yn ei fyw gofio lle'r oedd wedi eu gadael nhw. Flwyddyn neu ddwy yn ddiweddarach cafodd Dei Jones, fferm Deudraeth, hyd

Pileri drewllyd yr Orchestfa!
The smelly pillars of the Gloriette!

iddyn nhw o dan domen dail ar ei fuarth yn iard y castell. Wedi eu cloddio o'r tail a'u golchi fe'u codwyd yn rhan o'r

This was rebuilt overlooking the central green at Portmeirion and opened by Bertrand Russell in 1959. A few years later Clough decided to remove the rather unsightly tennis court from the village green and replace it with a central piazza fronted by a grand Gloriette incorporating large Ionic columns he had acquired years before. Unfortunately he could not remember where he had put the columns and had to postpone the project for a few years

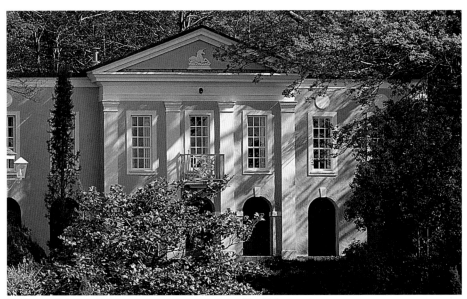

Bwthyn yr Uncorn.

The Unicorn.

Troi ffaith yn wirionedd: Clough a'i greadigaeth, 1966.

Making fantasy a reality: Clough and his creation, 1966.

Orchestfa a oedd, oherwydd yr arogl, yn well i'w hedmygu o bell nag o agos!

Cwblhawyd y Sgwâr Canol yn 1965 a'r flwyddyn wedyn cafodd ei ddefnyddio'n helaeth yn y gyfres The Prisoner a ffilmiwyd yno.

Dros y blynyddoedd bu Portmeirion yn lleoliad i lawer o waith ffilm a theledu ond nid oes amheuaeth mai The Prisoner oedd y fwyaf ohonynt i gyd. Cafodd y bennod gyntaf, 'Arrival', ei darlledu ar 1 Hydref 1967 a'r olaf o'r 17 pennod, 'Fall Out', ar 4 Chwefror 1968. Cyn y gyfres hon ychydig iawn o bobl oedd wedi

until Portmeirion's tenant farmer, Dei Jones, found them under a manure heap in his farmyard. They were duly dug up and used, although they were best admired from a distance for the first few months due to the smell.

The piazza was completed in 1965, which was fortunate as it played an important part in The Prisoner television series which was filmed at Portmeirion the following year.

Portmeirion has been the location for many film and television features over the years, from Dr Who to Cold Feet, but none

clywed sôn am Bortmeirion. Yn y gyfres ei hun mae'r carcharor Rhif 6, sef Patrick McGoohan, yn holi 'Ble ydw i?' ac yn cael yr ateb 'Yn y pentref'. Doedd neb ar y pryd â'r syniad lleiaf ble roedd y pentref hwn, pa un ai ym Morocco, Lithwania neu rywle arall. Ond ar ddiwedd y bennod olaf gwelodd y deuddeg miliwn o wylwyr neges o ddiolch i Clough Williams-Ellis am ei ganiatâd i ddefnyddio gerddi Gwesty Portmeirion ar gyfer y gyfres. Cododd nifer yr ymwelwyr o 10,000 i 100,000 yr haf hwnnw a bu'n rhaid gwneud sawl newid i is-adeiladwaith y pentref i ddygymod â'r cynnydd hwn. Byth ers hynny mae

has rivalled the influence of *The Prisoner*. The first episode, 'Arrival', was broadcast on 1 October 1967 and the final episode of the 17, 'Fall Out', went out on 4 February 1968. It was watched by around 12 million viewers per episode, few of whom had ever heard of Portmeirion. In fact, a central theme was that Patrick McGoohan, as No. 6, had no idea where he was being held. All he knew was that he was 'In the village'. At the end of the final episode McGoohan was kind enough to acknowledge that the series had been made with the kind permission of Clough Williams-Ellis in the grounds of the Portmeirion Hotel. That year the

Portmeirion wedi bod yn gyrchfan poblogaidd i ymwelwyr dydd ac erbyn hyn croesewir tua 250,000 o ymwelwyr bob blwyddyn.

Datblygiad pwysig arall a ddigwyddodd yn y 1960au oedd sefydlu Crochendy Portmeirion gan Susan Williams-Ellis a'i gŵr Euan Cooper-Willis. Sefydlwyd y ffatri yn Stoke-on-Trent a'i galw'n Portmeirion am mai cynhyrchu llestri i werthu yn y pentref oedd ei phrif amcan i ddechrau. Cynlluniodd Susan siapiau a

number of day visitors increased from 10,000 to around 100,000 and additional facilities had to be hastily introduced to cope with the numbers. Today the village welcomes around 250,000 visitors per annum.

Another imporant development in Portmeirion's history happened in the early 1960s with the establishment by Susan Williams-Ellis and her husband Euan Cooper-Willis of the Portmeirion Pottery in Stoke-on-Trent. Initially it was

Cypher (chwith / left), Totem (de / right), Botanic Garden (isod / below).

phatrymau trawiadol megis Totem, Meridian ac eraill ac mae'r rhain erbyn hyn yn cael eu hel gan gasglwyr hen lestri. Y patrwm mwyaf poblogaidd i Susan ei gynllunio oedd yr Ardd Fotaneg a lansiwyd ym 1972 ac a drawsnewidiodd y crochendy bron dros nos. Mae dwy o siopau'r pentref yn gwerthu'r llestri: yn Siop y Llong ceir llestri o'r safon orau ac

intended mainly to supply the shops in Portmeirion village. Susan designed striking shapes and patterns that are now iconic designs of the 1960s such as Totem, Cypher, Jupiter and many others which are collectors' items. In 1972 Susan launched her Botanic Garden range which proved to be an instant best-seller and transformed the fortunes of the pottery

Siop y Prisoner.   The Prisoner Shop.

yn y Warws Llestri mae cynnyrch ail safon ar gael am bris llai.

Mae chwech o siopau eraill yn y pentref gan gynnwys Siop Lyfrau, Pot Jam, Siop Gardiau, Siop Bach, Siop y Prisoner ac Oriel y Gromen. Mae gan gwmni Siopau Portmeirion unedau hefyd ar Stryd Fawr Porthmadog ac yng Nghanolfan y Mileniwm yng Nghaerdydd.

Mae holl adeiladau Portmeirion wedi eu cofrestru gan Cadw naill ai ar Raddfa I neu ar Raddfa II. Mae'r holl stad yn Ardal Gadwraeth swyddogol ac mae'r arfordir yn Ardal o Ddiddordeb Gwyddonol Arbennig. Oddi amgylch y pentref mae

almost overnight. Two of the village shops sell Portmeirion Pottery, bestware in the Ship Shop and seconds quality at discounted prices in the Pottery Warehouse near the tollgate.

There are six other shops in the village including Golden Dragon Books, Pot Jam, Papur a Phensal card shop, Siop Bach souvenirs, the Prisoner Shop and Oriel y Gromen gallery. Portmeirion Shops have three outlets on Porthmadog High Street and one in the Wales Millennium Centre in Cardiff.

All buildings at Portmeirion are listed Grade I or Grade II by Cadw (Welsh

tua 70 erw o goedwigoedd isdrofannol a elwir y Gwyllt sy'n cynnwys llawer o rywogaethau prin sy'n ffynnu yn yr hinsawdd mwyn a geir yma. Mae dros 20 milltir o lwybrau'n gwau drwy'r coed i lawr at draethau Trwyn y Penrhyn, heibio llynnoedd gyda themlau ar eu glan a thrwy fynwent y cŵn lle mae cenedlaethau o gŵn y fro yn gorwedd mewn hedd (ac un gath a gladdwyd liw

Historic Monuments) and the whole area is a designated Conservation Area. The shoreline is also a designated Area of Special Scientific Interest. Around the village there are 70 acres of sub-tropical woodlands knows as Y Gwyllt which contain many rare species of plants which thrive in the mild coastal climate. Over 20 miles of paths criss-cross the peninsula to the beaches by Trwyn y Penrhyn, past lakes flanked by ornate temples and through the dogs' cemetery where generations of dogs have found a

nos). Mae llwybr adnabod coed wedi ei sefydlu yn y Gwyllt er mwyn helpu ymwelwyr i werthfawrogi'r cyfoeth o goed a phlanhigion sydd ar gael yma.

Ganed Clough Williams-Ellis ym 1883 yn un o bump o feibion i John Clough Williams-Ellis, perchennog Glasfryn ger y Ffôr yn ymyl Pwllheli. Pensaernïaeth oedd ei brif ddiddordeb er pan oedd yn fachgen ac wedi cwta dri mis o hyfforddiant ffurfiol aeth ati i ymarfer ei grefft. Bu wrth ei waith am dros saith deg mlynedd, o 1903 ymlaen. Ei arwyddair oedd 'Coleddwch y gorffennol, addurnwch y presennol,

final resting place (plus one cat buried in secret at night). Recently a woodland walk has been established which enables visitors to appreciate some of the more interesting and unusual trees in the woodlands.

Clough Williams-Ellis was born in 1883, one of five sons of John Clough Williams-Ellis of Glasfryn near Y Ffôr, not far from Pwllheli. Architecture was his passion from an early age and eventually, after just three months formal training, he set up in practice in 1903 which he continued for the next seventy years. His

Llun cynnar o John Clough Williams-Ellis a'i feibion. (Clough yw'r ail o'r chwith).

An early photograph of John Clough Williams-Ellis and his sons. (Clough second from left).

adeiladwch ar gyfer y dyfodol'. Gwelodd ddinistr dau Ryfel Byd a hynny'n ei sbarduno i geisio gwarchod yr hyn oedd ar ôl o dirlun naturiol cefn gwlad a daeth yn ymgyrchydd brwd dros ddatblygu cyfrifol mewn cytgord â'r amgylchfyd. Brwydrai dros harddwch, 'y peth rhyfedd, anhepgor hwnnw'. Bu farw yn ei gartref, Plas Brondanw, ym mis Ebrill 1978 ac yntau'n 95 mlwydd oed a'i freuddwyd bore oes wedi ei chyflawni.

motto was 'Cherish the past, adorn the present, construct for the future'. He saw much destruction during two World Wars which made him ever more determined to try to put back some beauty into the world and to strive to protect what was left of the natural environment in Wales and beyond. He fought for beauty, 'that strange necessity'. He died peacefully at Plas Brondanw in April 1978 at the age of 95, content in the knowledge that his boyhood dream had become a reality.

Castell Deudraeth, ychwanegiad diweddaraf pentref Portmeirion a phrawf bod gweledigaeth Clough yn parhau yn y genhedlaeth bresennol.

Castell Deudraeth, the latest addition to Portmeirion village and proof that Clough's vision is continued by the present generation.

Dymuna'r cyhoeddwyr ddiolch o galon i gwmni Portmeiron Cyf. am ddarparu holl luniau'r gyfrol.

The publishers would sincerely like to thank Portmeirion Ltd. for supplying all of the photographs for this book.

Cyhoeddwyd yn wreiddiol fel rhan o gyfres gomisiwn *Cip ar Gymru* Cyngor Llyfrau Cymru. Originally published in the *Wonder Wales* series commissioned by the Welsh Books Council.

(h) Gwasg Gomer 2005 ©

3ydd argraffiad / 3rd impression 2007

www.gomer.co.uk

ISBN 9781843235279